Contraste insuffisant
NF Z 43-120-14

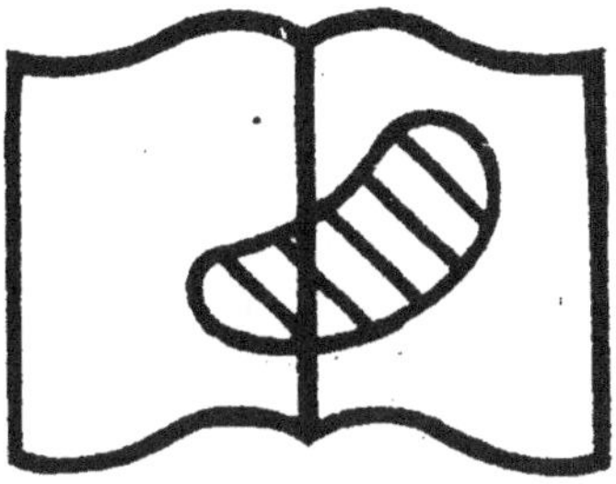

Illisibilité partielle

Valable pour tout ou partie
du document reproduit

Original en couleur

NF Z 43-120-8

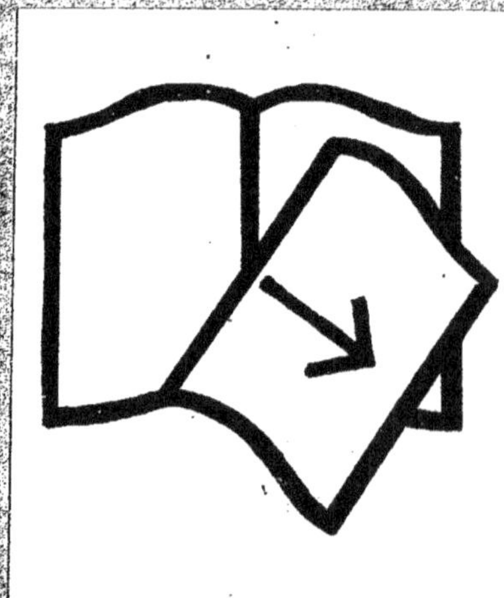

Couverture inférieure manquante

LE

LIVRE DES MIRACLES

DES

SAINTS DE SAVIGNY

D'après le Manuscrit original contemporain du Roi St Louis
et composé aux années 1243 et 1244

TRADUIT POUR LA PREMIÈRE FOIS, AVEC PRÉAMBULE

PAR

HIPPOLYTE SAUVAGE

LE
LIVRE DES MIRACLES
DES
SAINTS DE SAVIGNY

LE
LIVRE DES MIRACLES

DES

SAINTS DE SAVIGNY

D'après le Manuscrit original contemporain du Roi St Louis
et composé aux années 1243 et 1244

TRADUIT POUR LA PREMIÈRE FOIS, AVEC PRÉAMBULE

PAR

Hippolyte SAUVAGE

OFFICIER DE L'INSTRUCTION PUBLIQUE
AVOCAT
ANCIEN MAIRE ET ANCIEN MAGISTRAT

PREMIÈRE ÉDITION

MORTAIN

IMPRIMERIE ARMAND LEROY

Grande-Rue et près l'Eglise

1899

Nous croyons devoir ajouter quelques mots à notre Préambule, afin de compléter nos renseignements personnels sur *Le Livre des Miracles des Saints de Savigny.*

Certainement les religieux du monastère savaient apprécier à sa juste valeur ce très important document. Ce que nous avons dit de celui d'entre eux qui a sauvé peut-être ce précieux manuscrit de la destruction, ne se réfère qu'à ses héritiers, qui, après l'avoir volontairement cédé à prix débattu, se persuadent encore qu'il valait des mille et des milliers de francs, et qui ont osé parler même de 50,000 fr. Ce volume ne contient rien d'un intérêt général pour l'histoire de France; il ne renferme que des faits spéciaux et particuliers surtout aux trois diocèses d'Avranches, de Rennes et du Mans, et notamment aux contrées de Mortain, d'Avranches, de Fougères et de Mayenne. Par suite, il se trouve restreint dans un cercle assez peu étendu.

Sa véritable place est incontestablement à la Bibliothèque nationale de Paris et non dans une bibliothèque isolée au fond d'une campagne.

En publiant la première partie seulement du *Livre des Miracles de Savigny,* nous tenons à faire remarquer qu'aujourd'hui nous en donnons entière la partie historique qui se réfère à la date positivement certaine de l'année 1243, qui fut celle du transport des reliques des Saints de Savigny de la chapelle Sainte-Catherine dans la vaste basilique du monastère.

Notre espoir est de faire connaître dans une publication ultérieure la nomenclature des autres miracles qui s'accomplirent plus tard dans la même maison et qui contribuèrent à justifier et à étendre sa renommée déjà considérable dans le monde de la catholicité.

Cette réserve que nous faisons des faits miraculeux de nos Saints vénérés, nous permettra de les rappeler une dernière fois aux souvenirs de nos populations restées fidèles à leurs mémoires. Elle nous autorisera à venir leur parler de nouveau de la deuxième moitié du XIIIe siècle et de remarquer combien le nombre des miracles qui furent opérés par l'intermédiaire de nos Saints sut grandir Savigny, qui dès ses origines avait été chef d'ordre, titre que n'eut jamais connu autre monastère dans le diocèse actuel de Coutances et Avranches.

H. S.

PRÉAMBULE

Eu l'année 1896, ce nous fut une très vive satisfaction de pouvoir publier la traduction de la *Vie de Saint Vital*, composée vers 1165 par Etienne de Fougères, évêque de Rennes. Encouragé par l'accueil qu'a reçu cette composition qui remonte ainsi au XIIe siècle, et qui n'avait jamais été connue jusqu'ici, nous nous sommes hâté d'en rechercher une autre qui lui est presque contemporaine et qui nous reporte aux temps du roi Saint Louis, c'est-à-dire au milieu du XIIIe siècle. Nous la faisons connaître avec d'autant plus d'empressement que son texte, édité par le savant M. Léopold Delisle, de l'Institut, n'a été donné par lui que par simples fragments dans le tome XXIII du *Recueil des Historiens des Gaules et de la France, 1876, p. 587-605* (1). Et c'est au moyen et grâce au manuscrit original du *Liber de Miraculis Sanctorum Savigniacensium*, qu'il nous est permis d'être infiniment plus complet.

Lorsque fut promulgué le décret qui ordonnait la fermeture des monastères, chacun des quinze religieux qui occupaient alors Savigny eut la liberté d'emporter quelques meubles et un certain nombre de volumes à sa convenance. L'un d'eux, ancien professeur de théologie, eut en partage plusieurs manuscrits, entre lesquels le *Liber Miraculorum*. Or, ses héritiers après sa mort, survenue le 23 novembre 1825, cédèrent ce

---

(1) La préface de cet ouvrage a pris grand soin de prévenir que ce ne sont que des extraits du *Livre des Miracles des Saints de Savigny*.

livre moyennant finances, le 3 août 1827, à l'abbé Badiche, alors vicaire de Louvigné-du-Désert (Ille-et-
Vilaine). Dès la même année, celui-ci le fit connaître et
le mit largement à contribution pour composer l'article
de *Saint Vital* qui parut dans la *Biographie univer-
selle de Michaud* (1). Plus tard, les héritiers de l'abbé
Badiche le firent entrer, le 21 avril 1877, à la Bibliothèque Nationale, où il est inscrit sous le *N° 217,
Nouvelles Acquisitions du fonds latin.*

Déjà nous avons eu l'occasion de parler de ce manuscrit dans notre volume de *Saint Vital et l'Abbaye
de Savigny* (2) ; mais nous ne l'avions encore jamais
vu. Nous ignorions également les circonstances dans
lesquelles l'abbé Badiche en était devenu possesseur,
après l'avoir eu en communication durant un certain
laps de temps. Les affirmations qu'il a laissées nous
ont convaincu de sa parfaite délicatesse, et notre
propre examen nous a démontré que les religieux ou
leurs représentants attachaient à ce livre une valeur
absolument exagérée, car il devait être pour eux lettre
morte, à raison surtout de la difficulté de sa lecture.

Examinons donc avec attention le *Liber Miraculorum*. C'est un volume du format petit in-8° ou grand
in-12. Son enveloppe et sa couverture consistent en
deux planchettes de bois recouvertes de cuir de veau,
à rainures formées par le contact d'un fer historié.
Quatre gros clous à têtes arrondies, en cuivre, empê-
chent que ses plats puissent porter sur la table et
donnent un aspect soigné à ce vénérable souvenir des
siècles d'antan.

Il se compose de 257 pages écrites sur parchemin en
caractères minuscules, plus quatre pages de prélimi-
naires. Au verso de la garde nous avons remarqué la
note que voici :

(1) 1827, tome 47, p. 279.
(2) Mortain, A. Leroy, 1895, p. 18.

« Ce manuscrit est resté entre les mains de M. Lan-
» glet (1), ancien moine de Savigny ; je l'ai acheté le 3
» août 1827. Il avait été donné par Alain Bosquier, abbé
» du monastère, à Frère Patrice Blondel, religieux de
» la maison, l'an 1446. Il a donc déjà quatre siècles sur
» le dos. Or, il commence par le *Livre des Miracles*
» *des Saints de Savigny* (ci-contre), et ce livre a été
» écrit l'an 1243, pour la dernière translation. Si par
» hasard et ce qui est assez possible, le présent ma-
» nuscrit était l'autographe, le volume aurait actuelle-
» ment six siècles. — Signé : Marie-Léandre Badiche,
» prêtre, vicaire de Louvigné-du-Désert. 20 septembre
» 1827. »

A la fin du volume, au feuillet 254, une autre annota-
tion est encore plus explicative : « Cest livre est à
» Frère Patrisse Blondel, religieulx de Savigny, et le
» luy a donné Alain Bosquiez, abbé de Savigny, pour
» le temps liscencié ès les (lois). L'an mil quatre cens
» et quarante six. Tesmoing mon signe manuel si mis.
» Signé Blondel. »

A la page 255, la même suscription se trouve repro-
duite, mais d'une écriture beaucoup plus récente. Le
nom de l'abbé Alain y est écrit Bosquer (2) et la signature est Amory.

Quant au *Liber de Miraculis*, il comprend 78 pages
et se trouve inséré en tête du manuscrit dont nous par-
lons. Il forme deux parties très faciles à distinguer par
les deux corps de l'écriture différente. L'une, qui

(1) Ce nom propre s'ortographie plus généralement Lenglet. — Louis
Joseph Lenglet appartenait par sa naissance aux environs de Lille ; sa
famille habitait à Ange-Fontaine (Nord). Il exerça les fonctions de maire
de la commune de La Bazouges-du-Désert depuis le mois d'avril 1797,
jusqu'à la fin de la période impériale (1815).

(2) La *Gallia Christiana* et plusieurs auteurs ont donné à cet abbé le
nom d'Alain de Boschen et ils ont classé son administration entre les
années 1445 et 1449. Notre manuscrit l'appelle Bosquier, Bosquiez ou
Bosquer.

compte les 62 premières pages, a été écrite aux années 1243 et 1244, ainsi que le déclare l'auteur en termes exprès. L'autre, qui s'étend de la page 63 à la page 78, est sans date, mais elle a été composée certainement entre les années 1245 et 1250 environ. Une différence sensib'e, et qui saute immédiatement aux yeux, c'est que dans la première tous les titres sont tracés à l'encre rouge et que chaque alinéa commence par une lettre majuscule alternant entre le carmin et l'azur. Dans la dernière au contraire, il n'y a ni titres, ni lettres enluminées: tout est écrit à l'encre noire.

De plus, le récit qui se réfère aux années 1243 et 1244, est entier, car la page 62 est blanche dans sa moitié inférieure. Tandis que la page 78 est entièrement remplie jusqu'à la dernière ligne, d'où l'on doit conclure sans contestation possible que des feuillets devaient suivre et qu'ils ont été à tout jamais perdus.

Les écritures des deux parties du manuscrit sont bien de la même époque, mais faciles à différencier, quoique ayant une certaine analogie.

A la suite du *Liber de Miraculis*, se trouvent d'autres textes manuscrits, également du XIII° siècle, qui sont: *Le Purgatoire de Saint Patrice*, des *Commentaires sur les livres du nouveau Testament*, en partie composés par Pierre Le Mangeur, des *Sermons de Serlon*, qui fut abbé de Savigny et qui affilia cette abbaye à l'ordre de Citeaux, un *Traité d'Aelred*, abbé de Riévaux, une *Vie de sainte Barbe*, etc., etc.

Il est à remarquer une chose, c'est que le *Liber Miraculorum* indique lui-même sa propre date aux années 1243 et 1244. Mais il reste silencieux sur le nom de celui qui l'a composé et qui affirme cependant qu'il fut le témoin oculaire des faits dont il écrit la narration. Sa modestie lui a fait un devoir de laisser ignorer son propre nom: il s'est borné dans sa préface à déclarer avec humilité qu'il n'a accompli qu'un ordre de ses supérieurs et qu'il a fait acte de pure obéissance.

Dès actuellement nous faisons connaître la partie historique et la plus essentielle du *Livre des Miracles* (1) ; c'est le récit très circonstancié des événements extraordinaires qui précédèrent ou qui s'accomplirent au moment de la translation des reliques des saints de Savigny de l'oratoire de sainte Catherine dans la magnifique et immense église de Notre-Dame qui venait d'être terminée depuis à peine quelques années.

On sait que cette cérémonie, qui fut célébrée avec un éclat inaccoutumé le 1er mai 1243, eut cent mille spectateurs pour témoins. Au premier rang, parmi eux, se trouvait Raoul de Fougères, le descendant du fondateur et des bienfaiteurs de Savigny. Nous avons tenu à apporter les affirmations qu'il dut transmettre au Souverain Pontife Innocent IV, des faits qu'il avait vus de ses yeux. Peut-être ses protestations de sincérité ne parvinrent-elles jamais à Rome ; mais elles étaient conservées précieusement en copie dans les archives de l'Abbaye.

A la même époque, et en même temps que les corps vénérés des saints de Savigny étaient déposés dans des cénotaphes de pierres, autour du sanctuaire, quelques-unes de leurs reliques furent placées sur les autels, dans des reliquaires dorés et émaillés qui ont disparu : nous en reproduisons les descriptions. En même temps, nous indiquons ce qui nous est connu des reliques actuellement conservées dans l'église paroissiale. Leur authenticité a été reconnue récemment, le 29 septembre 1872, par Mgr Bravard, évêque de Coutances et Avranches.

(1) Nous nous occuperons plus tard de celle qui est plus spéciale aux miracles particuliers accomplis à Savigny. Beaucoup de familles de nos contrées en furent l'objet et dans quelques années seulement ils se comptèrent par centaines.

Les textes que nous produisons aujourd'hui n'ont ni l'élégance, ni la poésie qu'avait l'œuvre charmante d'Etienne de Fougères : la comparaison n'est pas possible entre eux. Cependant le *Livre des Miracles* présente un certain intérêt, parce que surtout il renferme des témoignages contemporains d'une grande vérité. Ils ont paru d'une nature telle à plusieurs ecclésiastiques fort distingués, auxquels nous avons communiqué notre projet de publication, que tous nous ont encouragé à n'y apporter aucun retard. Ils nous ont même secondé de leur concours très actif; nous tenons ici à les en remercier avec effusion.

HIPPOLYTE SAUVAGE.

Neuilly-sur-Seine, le 30 Septembre 1899.

CHAPITRE Ier.

PRÉFACE

C'est la vérité qui dit dans l'Evangile : « Personne n'allume sa lampe pour la mettre sous le boisseau. On la pose au contraire sur le chandelier, afin que ceux qui entrent voient la lumière. »

Prenant occasion de ce texte, notre vénérable père, Etienne, abbé de Savigny (1), homme d'une haute autorité, d'une littérature éminente, très disert dans les deux langues, aussi remarquable par sa vie que par sa doctrine et l'un des plus grands parmi les abbés de l'ordre de Citeaux, prit soin, l'an du Seigneur 1242, après en avoir obtenu la permission du chapitre général cistercien, et non pas, croyons-nous, sans une révélation d'en haut, de faire avec grand respect et de grands honneurs la translation, dans l'église majeure, des corps des saints de Savigny, Vital, Hamon, Pierre, Guillaume et Geoffroy. Il s'agissait de les transporter de la chapelle Sainte-Catherine, où ils reposaient depuis longtemps et dans laquelle ils avaient été inhumés tout d'abord.

(1) Etienne de Lexington fut abbé de 1229 à 1244.

Ces reliques saintes avaient été relevées de leurs tombeaux primitifs par deux hommes vénérables devant Dieu et devant les hommes et très recommandables à cause de leur éminente sainteté, Pierre (1) et Simon (2), abbés de Clairveaux et de Savigny. En présence de plusieurs abbés, leurs collègues, ainsi que de Raoul, seigneur de Fougères, d'autres seigneurs, de chevaliers et d'un grand nombre de religieux et de séculiers, ils les transportèrent avec révérence de l'ancienne église, qui fut alors démolie pour en construire une nouvelle, et les placèrent avec honneur en la chapelle Sainte-Catherine, dans un sépulcre de pierre décemment préparé.

L'abbé Simon était un homme fort diligent et circonspect. Il avait une certaine inquiétude, dans la crainte que les restes des saints ne fussent mêlés et confondus entre eux. Comme il n'y avait plus aucun témoin de leurs inhumations, il redoutait qu'on ne pût discerner les corps les uns des autres. Il convoqua donc un jour de vendredi l'assemblée conventuelle, exhorta instamment chacun des religieux à la prière ; puis, revêtu des ornements sacrés, la crosse pastorale à la main, il marcha processionnellement vers le tombeau, précédé des cierges allumés, de la croix, de l'encens et de tout ce qui est nécessaire pour une procession bien ordonnée. Avec crainte et tremblement, il aborde le lieu saint et, levant au ciel ses yeux et son cœur, pendant que les moines étaient prosternés avec larmes et sanglots dans la prière, il fait ouvrir le monument et y trouve le trésor pieux qu'il désirait. Les corps des saints, séparés les uns des autres, étaient placés chacun dans son cercueil ourdi de planches de chêne. Sur chacune des bières était posée une lame de

(1) Pierre, abbé de Clairveaux de 1179 à 1186.
(2) Simon, de la famille des comtes d'Evreux, abbé de Savigny de 1179 à 1186.

plomb, portant lisiblement les noms de chacun des saints, en lettres artistement gravées.

Cette invention manifeste réjouit plus qu'on ne peut le croire l'homme de Dieu, et le réconforta dans le Seigneur. Avec toute la dévotion et le respect possibles, il releva les reliques précieuses des cinq bienheureux, et, plaçant chacune d'elles séparément et avec honneur sous l'empreinte de son sceau dans des étoffes de soie, il fit mettre des inscriptions sur les cinq châsses de bois préparées à cet effet. Les religieux les transportèrent alors en chantant des hymnes de louange et des psaumes de pénitence et ils les déposèrent en un lieu sûr et scellé, avec les autres reliques de la maison, jusqu'à ce qu'on pût faire la solennité de leur translation dans la grande église et les y placer avec les honneurs qui leur étaient dus en leurs sépulcres.

Pour opérer cette translation, l'abbé Etienne, en homme prévoyant et rempli de Dieu, zélé pour toutes ses œuvres, fit tous les préparatifs convenables en son pouvoir et fixa d'avance le jour de la solennité à la fête des apôtres St Philippe et St Jacques, premier mai de l'année 1243, après l'Incarnation de Notre-Seigneur.

Le bruit de ces préparatifs vola de bouche en bouche, au loin et au large dans tous les environs. Le souvenir des saints de Savigny se renouvela dès lors dans les âmes du clergé et du peuple. Leur mémoire ranima la dévotion, la foi devint plus vive, les prières plus fréquentes, et pour la gloire de Dieu, les miracles commencèrent à se multiplier de jour en jour, avant comme après la solennité. Mais à l'occasion de la translation des saints, ces miracles furent tellement nombreux qu'il fut absolument impossible de les énumérer tous et encore moins de les écrire. Car, selon les termes inspirés à l'évangéliste saint Jean, « les aveugles voient, les sourds entendent, les muets recouvrent la parole, les pauvres sont évangélisés, les boiteux marchent, les paralytiques sont guéris, les possédés sont délivrés du démon par les mérites des saints, et, ce qu'il y a de plus excellent, les morts ressuscitent ». Ce furent des miracles en foule. Poussés par l'inspiration divine, les peuples se précipitèrent en masse, désireux de voir les événements merveilleux qui se déroulaient en ces jours pour l'honneur de Dieu et de ses saints.

QUELQUES MOTS DE L'AUTEUR (*)

Des religieux plus lettrés avaient été délégués pour noter et écrire ces miracles. Lorsque j'ai reçu de notre Révérend Père, moi, religieux indigne et le dernier de tous, l'ordre de recueillir au moins les miettes de la table du Seigneur, et les grâces qui de toutes parts tombent comme une manne délicieuse des reliques des saints, j'ai tout à fait désespéré de me trouver propre à ce travail; car le sujet est supérieur à mes forces, le puits est profond et je n'ai aucun moyen pour y puiser.

Cependant, comme l'obéissance m'y contraint, j'ai élevé mon espérance vers celui qui a ouvert la bouche des saints, qui rend éloquente la langue des enfants, qui assouplit même le rude braiment de l'âne aux modes articulés du langage humain. Qu'y a-t-il d'étonnant s'il accorde l'intelligence à un moine ignorant et simple, celui qui fait connaître quand il le veut, sa vérité même par la bouche des bêtes ?

(*) Le texte de notre manuscrit est celui-ci : « *Apologia notarii* ». Nous croyons être absolument dans la pensée de l'écrivain en traduisant ces expressions par « *Quelques mots de l'auteur.* » C'est bien le sens de ce qu'il a voulu. Le mot apologie ne serait exact que dans le sens de justification ; or le religieux chargé par ses supérieurs de recueillir les miracles des saints de Savigny, n'a fait qu'obéir à leurs désirs. Quant au mot notaire, aujourd'hui il n'a nullement la signification qu'on pouvait lui attribuer au XIII⁰ siècle.

Dans notre règle, le Bienheureux Benoit nous dédie un chapitre : « Pour le cas où l'on commande à un frère des choses impossibles. » Un autre de nos docteurs, saint Bernard, dit que « rien n'est impossible à ceux qui croient, rien n'est difficile à ceux qui aiment, rien n'est âpre à ceux qui sont doux, rien ne saurait être trouvé ardu par ceux qui ont de l'humilité et qui sont pénétrés de la grâce des anges, car l'onction de l'obéissance adoucit les ordres impérieux ».

Nous avons donc pris la plume pour écrire l'ouvrage projeté. Après nous être humblement recommandé aux mérites et aux prières de nos saints, notre âme a glorifié le Seigneur ainsi que Marie : glorifions-le dans ses saints, louons-le dans ses miracles et ses vertus ; bénissons le Seigneur en tout temps et que sa louange soit toujours sur nos lèvres. Ainsi soit-il !

FIN DE LA PRÉFACE

LE LIVRE DES MIRACLES

DES SAINTS DE SAVIGNY

Suit le récit des miracles qui s'accomplirent le jour de la translation des saints de Savigny, qui sont : le Bienheureux Vital, premier abbé de Savigny ; Geoffroy. second abbé ; Hamon, moine ; Pierre d'Avranches, moine ; et Guillaume, surnommé Niobé, novice de Savigny.

En premier lieu, nous raconterons les miracles qui arrivèrent dans la solennité de la translation des reliques des saints. Ce jour entier est éclatant de miracles. Il est rempli de douceur, il déborde d'un nectar céleste, il est parfumé d'un baume angélique, dont l'odeur ressuscita plusieurs âmes mortes dans le péché.

LE FEU QUI DESCENDIT DU CIEL SUR LES CORPS DES SAINTS.

La veille de la fête, vers midi, les reliques des saints étant encore déposées dans la chapelle de Sainte-Catherine, notre vénérable Père Geoffroy (1), par la grâce de Dieu, évêque de Séez, homme de tout point respectable, issu d'une noble famille, éminent par son savoir littéraire, modèle de foi et de dévotion, vint se pros-

(1) Geoffroy de Majet, évêque de Séez.

terner devant l'autel, pendant qu'un peuple nombreux se répandait aussi dans la prière. A ce moment, le Saint-Esprit, que les Apôtres reçurent en forme de langues de feu, descendit de la voûte la plus élevée, comme une flamme rouge et très brillante, sur la châsse du Bienheureux Hamon, qui se trouvait en tête. Après en avoir fait le tour, en l'effleurant, elle passa sur les châsses des quatre autres saints, dans l'ordre où elles étaient, les effleura de même et sembla les enflammer comme si elles brûlaient. Puis on la vit entrer dans le sépulcre où les corps avaient été déposés, et où sont encore les restes de la Bienheureuse Adeline (1), vierge. Alors elle disparut comme l'éclair qui précède la foudre.

Cette vision fut aperçue de plusieurs personnes qui en reçurent la grâce d'en haut. Dans l'admiration du prodige opéré par la bonté divine sur les corps des saints, elles se disaient les unes aux autres : « Voyez-vous ce que je vois ?.... Voyez-vous ce que je vois ? » En ce moment, un religieux, nommé Guillaume Artur, désigné pour la garde de la chapelle, s'occupait d'un enfant à qui Dieu venait, par les mérites des saints, de rendre l'usage des jambes. Parmi les témoins du prodige, il y en eut un qui lui cria : « Seigneur moine,... Seigneur moine, ne voyez-vous pas ce que j'aperçois ?» Ce religieux qui était, dans l'opinion de ses confrères, une âme simple et de conscience droite, levant alors les yeux, vit à découvert et parfaitement cette clarté de flammes, qui s'avançait comme nous l'avons dit. Et cette vision le remplit d'une telle douceur et d'une telle joie spirituelle que, de tout le jour, il ne songea pas même, a-t-il affirmé, à la nourriture corporelle. Néanmoins, il faut encore noter ce fait : c'est que le même

(1) Sainte Adeline, sœur de saint Vital, morte vers l'année 1125. *Gallia Christiana*, t. XII. 555.

jour et à la même heure que nous avons dite, la foule
qui arrivait de tous côtés à travers la forêt de Savigny,
vit cette flamme remonter avec une clarté inexprimable de l'abbaye de Savigny vers les cieux.

FLAMMES ÉCLATANTES ET PLUSIEURS SOLEILS APERÇUS DANS L'ÉGLISE AUTOUR DES CHASSES DES SAINTS.

Le lendemain, jour de la translation des saints, au
retour de la procession, pendant que les châsses étaient
introduites sous le porche de la grande église, précédées de tous les religieux du couvent, qui chantaient,
et suivies du seigneur Evêque de Séez, une multitude
immense qui était refoulée sur une hauteur vers les
écuries des chevaux, vit autour des châsses et comme
venant d'en haut, une clarté inexprimable. On aurait
dit une flamme ardente, comme si plusieurs soleils, à
ce qu'il semblait, eussent été là. Et quoique le soleil
matériel répandît partout, ce jour-là et à cette heure,
la lumière de ses rayons plus éclatante que de coutume,
ils paraissait, en comparaison de la clarté aperçue
autour des corps saints, comme enveloppé d'une nuée
obscure. Aussi, au rapport de beaucoup de personnes,
les témoins du fait s'écriaient, en se disant les uns
aux autres : « Voyez! voyez! Y en a-t-il des soleils
autour des corps saints!! »
Il est à remarquer en outre, et c'est une chose admirable, dans ce jour, au milieu d'une aussi grande
multitude de peuple, qui fut estimée jusqu'à cent mille
personnes de l'un et de l'autre sexe, pas même un
enfant ne fut blessé, pas une femme enceinte ne fut
incommodée, malgré la presse ; personne enfin n'en
souffrit, ni faible ni fort, ni vieux ni jeune. Il ne s'éleva
nulle part et pour nul motif aucune querelle, pas même
entre la suite des chevaliers et celle des clercs, ainsi

que cela arrive quelquefois. Mais tout fut si paisible en tous lieux qu'il apparut clairement que le vrai Salomon avait présidé à cette solennité sainte.

DE QUELQUES MIRACLES

LA SANTÉ EST RENDUE A UN ENFANT DE LA TANNIÉRE.

Une jeune fille de la Tannière (1), nommée Agnès, était atteinte de goutte arthritique (rhumatisme articulaire) aux reins, aux genoux et aux pieds. Par suite du dessèchement et de la contraction des nerfs, tout son corps était courbé, les jointures des pieds et des genoux étaient raidies à un tel point qu'elle se traînait à terre péniblement sur les mains. Ses amis la vouèrent aux bienheureux de Savigny. Ils l'amenèrent au monastère, et Dieu, par le mérite de ses saints, guérit cette malheureuse. Elle se releva de terre, put se tenir sur les pieds et marcher à l'aide d'un bâton.

GUÉRISON DE VARICES.

Emma, épouse d'Hervé, marchand à Lasson (2), diocèse de Bayeux, souffrait de varices depuis près d'une année et marchait péniblement la face tournée vers la terre comme un chien. Les médecins ne pouvaient parvenir à apporter aucun soulagement à son état. Ayant entendu annoncer la prochaine translation des saints de Savigny, cette femme en conçut une grande foi et une immense confiance dans le Seigneur et se voua aux bienheureux, disant chaque jour et répétant sans cesse dans toutes ses prières : «Oh! si ce temps de grâces tant désiré pouvait arriver enfin, et qu'il me

(1) Saint Berthevin de la Tannière, au canton de Landivy (Mayenne).
(2) Lasson, canton de Creully, arrondissement de Caen (Calvados).

fût possible d'assister à la translation et à la gloire des saints de Dieu, je serais guérie !! » — Or cette femme persévérant dans sa foi et dans ses bonnes œuvres jusqu'au jour fixé pour cette grande cérémonie, se trouva forte et guérie selon sa confiance et les mérites de nos saints.

MOINE GUÉRI D'UNE HERNIE.

La veille de la fête de la translation des saints, un religieux de Savigny fut gravement atteint d'infirmité par suite d'un effort. Il souffrait cruellement d'une hernie qui avait provoqué une descente abondante des intestins dans les parties inférieures, et les vives douleurs qu'il endurait le rendaient triste et anxieux. Cependant dans la matinée du jour de la translation, malgré ses atroces souffrances, il se prit à se réjouir dans son cœur et à dire : « Mon Dieu ! et vous Bienheureuse Vierge Marie ! vous saint Vital et tous vos compagnons ! que pourrai-je faire au milieu d'une si grande solennité, moi qui ne pourrai chanter avec mes frères, moi qui puis me soutenir à peine pour la faible douleur que j'éprouve ! » Et confiant dans les mérites des dits saints, il se rendit en toute humilité et secrèment, en versant d'abondantes larmes et componction de cœur, prier auprès des corps des Bienheureux, les suppliant qu'ils prissent pitié de son infirmité. Or, durant la nuit suivante, pendant qu'il veillait, ayant porté la main sur la partie où était le siège du mal et ayant cherché l'endroit douloureux, il constata qu'il était sain et indemme de toute infirmité comme il l'était autrefois.

FISTULE OU MAL DE SAINT ÉLOI.

Dans la ville d'Avranches se trouvait un habitant du nom de Jean Baron, et dont la femme s'appelait Nicole.

Par leur naissance ils appartenaient à la noblesse et leur bonne renommée les classait parmi les notables de la cité. Ils avaient une fille, Thomasse, qui fut frappée par un mystérieux jugement de Dieu, comme si elle eût été l'enfant et l'héritière du prophète Job. Elle était malheureusement affligée d'une goutte fistule, qu'on appelle vulgairement le mal de saint Eloi. Depuis la plante des pieds jusqu'au sommet de la tête, elle avait dans tous ses membres plus de cinquante ulcères, d'où coulait une secrétion abondante. Ce qui était plus horrible encore, elle avait un mal cruel à l'un des yeux, où apparaissait un ulcère suintant la putréfaction. Une sœur de cette jeune fille avait souffert d'une semblable affliction. Elle était allée en pèlerinage à Saint-Eloi, afin d'obtenir la santé, et à son retour à la maison paternelle elle avait pris la route où vont toutes choses, elle était morte.

L'infortunée portant ses regards sur elle-même, prise d'une crainte profonde, ne savait de quel côté porter son espoir, ni ce qu'elle devait faire. Tout son corps ne formait en quelque sorte qu'une plaie unique. Elle devait penser qu'elle était à charge à ses parents, et qu'elle devait leur inspirer d'autant plus de répulsion et d'horreur que l'exemple de sa propre sœur ne leur laissait guère d'espoir. C'était en vain qu'elle avait eu recours aux soins des médecins, aucun secours d'une main humaine ne pouvait lui venir efficacement en aide. Alors, perdant toute confiance et désespérée d'obtenir quoique ce soit, sur le conseil de ses parents, elle pensa à invoquer le concours d'en haut et se voua avec un indicible élan de dévotion aux saints de Savigny, et particulièrement au Bienheureux Pierre d'Avranches et à ses saints compagnons, ainsi qu'à sainte Adeline, desquels elle avait déjà reçu quelques marques particulières en éprouvant une suave émotion au récit qu'elle avait entendu de plusieurs faits miraculeux accomplis avec un certain éclat, grâce à leur intercession. Cette jeune fille se fit donc conduire à Savigny devant la porte du monastère, comme un autre Lazare, couverte d'ulcères et désireuse d'être guérie d'un grand nombre qui coulaient avec abondance. Etendue sur le sol près des tombeaux des saints, entourée de ses parents et de ses amis qui l'avaient amenée, elle y passa les nuits pendant trois jours de samedis consécutifs prosternée dans la prière et se répandant en larmes et en sanglots. Elle offrit avec effusion au Seigneur son âme sanctifiée par tant de souffrance spirituelle, et Dieu prit pitié de son cœur contrit et humilié. Enfin, son père, ainsi que son grand-père et sa grand'mère joignant leurs supplications aux siennes, distribuèrent de nombreuses largesses, sous la forme d'un tribut d'un or sans valeur pour eux. Et comme si le vent de la mer avait soufflé doucement en la purifiant de la maladie, bientôt toute l'humeur qui avait déformé le corps de cette jeune fille disparut en cessant de s'écouler. Tous les ulcères apparurent desséchés, pour la plupart, grâce aux mérites de saint Pierre et de ses compagnons. Celle qui la veille était si misérable fut rendue à la santé.

ADOLESCENT ATTEINT DU MAL CADUC

Un jeune homme, nommé Nicolas, de Villedieu de Sault-Chevreuil (1), au diocèse de Coutances, était depuis son enfance affligé du mal caduc. Ses souffrances paraissaient telles que parfois les personnes qui étaient témoins de ses accès, en le voyant étendu à terre, le croyaient frappé de mort, et s'empressaient en grand nombre de prodiguer des consolations à ses

(1) Villedieu et Saultchevreuil-du-Tronchet sont deux communes de l'arrondissement d'Avranches (Manche) ; elles dépendaient effectivement autrefois du diocèse de Coutances.

parents qui semblaient livrés à un désespoir inénar-
rable. Aux approches de la fête de saint André, dans
l'année précédente, la maladie de ce jeune homme
avait paru s'aggraver, si bien qu'un jour il tomba à
terre dans un état tellement horrible qu'il y resta pendant trois jours, sans mouvement et sans apparence
de vie, jusqu'à ce qu'enfin sa mère le leva de l'endroit
où il gisait. Respirant avec efforts, les yeux grands
ouverts, le cerveau troublé, il parut tellement agité et
sous la pression d'une telle aliénation d'esprit qu'il
fallut tenir ce malheureux jeune homme avec vigueur
et même l'entourer de liens très forts. Durant sept
jours qu'il fut ainsi torturé si misérablement, il ne prit
aucune autre nourriture que deux pommes seulement.

Enfin son père, également nommé Nicolas, inconso-
lable dans sa grande douleur, vaincu par l'accablement
et le désespoir, ayant entendu parler de la renommée·
des saints de Savigny et voyant qu'il ne pouvait comp-
ter sur aucun secours humain, mais seulement sur Dieu
et ses saints, animé par la foi et portant vers eux les
élans de son cœur, voua son fils à nos saints avec une
dévotion infinie en versant un torrent de larmes. Trois
jours après il amenait à Savigny son fils entouré de sa
famille. Là, prosterné au pied des sépulcres des saints,
il se multipliait avec dévotion en prières, répandant des
larmes et des sanglots et demandant la santé pour son
fils, car le pauvre jeune homme ne pouvait prier tant il
était anéanti sous le poids des souffrances violentes
qu'il éprouvait. Après quatre jours et quatre nuits
passés en oraisons et en veilles, par la clémence du
Seigneur et les mérites de nos saints, le jeune homme
fut guéri. Il put revenir chez lui sain d'esprit et de
corps, reprenant la vivacité de ses sens et ne conser-
vant aucune apparence de ses souffrances passées. Il
rendit autant qu'il le put et avec joie à Dieu et aux
saints les actions de grâces qui leur étaient dues.

LA VUE RENDUE A UN ENFANT.

Un enfant de Vieuvy (1), non loin de Savigny, nommé Jacques, fils de Geofroy Bacon, avait, à la suite d'une maladie, perdu l'usage de l'œil droit. Son mal durait depuis le dimanche des Rameaux jusqu'au moment de la translation des saints de Savigny. Il avait les paupières complètement fermées et ne pouvait les ouvrir, ni voir ni discerner quoique ce fût, si ce n'était une très faible clarté lorsque le soleil dardait en plein midi. De plus l'œil gauche commençait à s'obscurcir; il ne voyait même que très peu de celui-là, en sorte qu'on redoutait pour lui la perte des deux yeux. Sur les conseils des gens de bien, il vint à Savigny la veille de la translation des saints et se prosterna en oraison dans la chapelle de Sainte-Catherine, près du sépulcre dans lequel leurs reliques étaient renfermées depuis un long temps, élevant vers Dieu les prières que pro_ nonçaient ses lèvres. Ce jeune enfant, qui avait déjà passé deux nuits en prières, veillant auprès du tombeau, s'endormit au point du jour le samedi. Au moment de son réveil, lorsqu'il se relevait, il s'aperçut que de son œil droit s'échappait un flot de sang, et qu'il était guéri. Il vit alors la lumière du ciel et comme un jour nouveau qui était né pour lui. De même, son œil gauche, qui avait été obscurci en partie, perçut parfaitement la clarté de la lumière matinale. Ainsi par l'intercession des saints, sa foi vive aidant, ses yeux se rouvrirent et il recouvra la vue et il voit actuellement très claire- ment et parfaitement bien comme au temps de sa vie où ses yeux étaient les meilleurs.

(1) Vieuvy, au canton de Gorron (Mayenne).

BOITEUX ET MUET.

Une femme de Montigny (1), près de St-Hilaire (2), nommée Ozanne, avait un fils du nom de Jourdain, âgé treize ans ou plus. Il était boîteux et muet depuis sa naissance. Le jour de la translation des saints, sa mère le leur voua et l'apporta à Savigny. En ce jour, Dieu, par les mérites des saints, donna à l'enfant l'usage de ses jambes, dont il n'avait jamais joui. Sa mère l'amena de nouveau à Savigny, le dimanche après l'Ascension de Notre-Seigneur, et s'acquitta devant le grand autel de l'église du vœu qu'elle avait fait pour lui. Le même jour, grâce aux saints, sa langue se délia et il commença à parler, si bien que ceux qui l'entendirent, frappés d'admiration, louaient Dieu dans ses merveilles. A ce moment étaient présents les nobles hommes Raoul, seigneur de Fougères, Guillaume puiné de Paynel et une foule d'autres.

GOUTTE ARTHRITIQUE.

Jean Le Rasle, de la Bazoge (3), avait depuis long-temps une arthritique ou rhumatisme articulaire qui l'avait courbé tellement que les chairs de tout son corps s'étaient rétrécies et qu'il pouvait à peine se servir de ses pieds et de ses mains. Pour sé traîner d'un endroit à un autre au moyen d'un charriot qui lui servait de lit, il rampait à terre sur ses mains et sur ses pieds. Ayant perdu toute confiance dans la médecine corporelle, il se désespérait. Pénétré de foi dans la vertu du ciel, il se voua à nos saints, emprunta une voiture et se fit transporter à Savigny, se prosternant dans ses oraisons et dans ses veillées, avec sanglots

(1) Montigny, au canton d'Isigny, à 9 kilomètres de Saint-Hilaire.
(2) Saint-Hilaire-du-Harcouët (Manche).
(3) La Bazoge, au canton de Juvigny-le-Tertre (Manche).

et larmes et suppliant et invoquant Dieu et ses saints qu'ils voulussent bien le rendre à la santé. Que peut-on dire de plus ? Cet homme se redressa par les mérites et les prières des saints. Il se tint sur ses pieds, et marchant librement où il voulait, sans guides et sans l'appui d'un bâton, sentant en lui-même sa force première d'autrefois. Ce fut avec joie et reconnaissance que pour l'avenir il recouvra l'usage de tous ses membres et put se maintenir sur ses pieds.

JEUNE FILLE SOURDE ET MUETTE.

Le jour même de la translation, une dame de Moulines (1), nommée Gervaise, veuve de Jean de Fontenay, chevalier, ayant entendu parler de la réputation des saints de Savigny, amena à la cérémonie sa fille nommée Aaliz, âgée de vingt-deux ans, sourde et muette de naissance. Elle la voua avec une grande dévotion et une foi entière à nos saints. Mais, à cause de la foule considérable ce jour-là, elle ne put approcher de leurs tombeaux, restant à l'écart et sans pouvoir obtenir la guérison de sa fille, elle revint à sa demeure. Mais ayant appris les miracles que Dieu opérait par ses saints, cette mère pénétrée d'une foi vive conduisit de nouveau sa fille à Savigny, le dimanche de l'Ascension de Notre-Seigneur, afin d'y accomplir son vœu avec toute humilité envers Dieu et ses saints. Là, en même temps qu'un certain nombre d'infirmes atteints de maladies diverses, elle passa la nuit, veillant en oraisons. Vers le milieu de la nuit, la langue de sa fille fut déliée et ses oreilles ouvertes. Par les mérites des saints, la muette parla et la sourde recouvra l'ouïe. Toutes les personnes présentes furent dans l'admiration de ce

(1) Moulines, canton de Saint-Hilaire-du-Harcouët. Moulines est à quatre kilomètres de Savigny.

prodige et parmi elles le noble Raoul de Fougères, Guillaume, frère cadet de Paynel, nombre de chevaliers et une quantité considérable de peuple.

JEUNE FILLE PARALYTIQUE.

Une jeune fille, nommée Marie, fille de Gervais Bloïn, du bourg de Moidrey (1), au diocèse d'Avranches, avait été frappée de paralysie au pied et à la main. Elle avait la moitié du bras et surtout la main complètement inertes et se trouvait absolument incapable de s'en servir. Ses parents l'ayant vouée à nos saints, l'apportèrent à Savigny dès la veille de la translation de leurs reliques et elle fut guérie.

DE QUELQUES MIRACLES ACCOMPLIS LORS DE LA TRANSLATION ET QUI NE PURENT ÉTRE ANNOTÉS.

Des miracles que Dieu fit le jour de la translation des saints, nous avons noté ce petit nombre parmi beaucoup d'autres.

A ceux qui les liront ou les entendront raconter, nous vous faire savoir que Dieu fit en ce jour beaucoup d'autres miracles en faveur de diverses personnes, miracles corporels et spirituels, miracles visibles et invisibles, qui ne purent venir à la connaissance de l'écrivain chargé de les recueillir, à cause des occupations de la fête et de l'empressement de la foule. Plusieurs milliers d'hommes se tinrent en effet à la porte de l'église, ne pouvant y entrer, et, après avoir offert dévotement, dans la forêt et dans les champs, leurs prières au Seigneur, ils s'en retournèrent chez eux.

(1) Moidrey, à 2 kilomètres de Pontorson (Manche).

CHAPITRE II.

LETTRE DE RAOUL, SEIGNEUR DE FOUGÈRES, AU SOUVERAIN PONTIFE INNOCENT IV (*).

« Au Très Saint Père et Seigneur Innocent, Souverain Pontife,

» Raoul, seigneur de Fougères et fondateur de l'abbaye de Savigny, son dévot fils, prosterné à ses genoux, après avoir baisé ses bienheureux pieds,

» Notre Seigneur a fait de près et de loin, souvent et en grand nombre, des miracles renommés, comme nous l'avons appris par le rapport des gens de bien et de personnes de probité et dignes de foi : bien plus, Dieu nous a fait la grâce et nous a permis que nous en ayons vu quelques-uns de nos propres yeux dans l'abbaye de Savigny, de l'ordre de Citeaux, au diocèse d'Avranches et de notre fondation, par les mérites de Dom Vital, de pieuse mémoire, premier abbé et instituteur de cette abbaye, de Dom Geofroy, deuxième abbé, de Dom Pierré et de Dom Hamon, moines du même monastère et de Dom Guillaume, surnommé Niobé, ermite, dont les corps reposent dans cette maison.

» C'est pourquoi nous supplions Votre Sainteté, si elle l'a pour agréable, de commettre quelques per-

<hr>

(*) L'original de cette lettre, écrit en latin, était au trésor de l'abbaye de Savigny. Il est actuellement conservé aux Archives nationales, où nous l'avons retrouvé dans le premier carton des chartes du monastère. — (Archives nationales. L. 966, n° 39.)

sonnes de vertu, sages et discrètes, afin de faire une exacte et fidèle information de leurs vies et des miracles que le Seigneur a opérés et ne cesse de faire constamment et tous les jours, par leurs mérites ; et qu'après avoir reconnu la vérité par leur enquête, ils en fassent leur rapport à Votre Sainteté, afin que toutes choses étant éclaircies, Vous, à qui seul appartient de mettre leurs noms dans le catalogue des saints, vous commandiez qu'ils soient honorés et vénérés d'un culte public par toute l'Eglise militante, selon qu'il sera jugé plus convenable par la vigilance et la sollicitude du Saint-Siège Apostolique et pour la gloire et l'honneur de la Sainte Eglise.

» Donné l'an du Seigneur mil deux cent quarante et quatre.

» Que Votre Sainteté puisse jouir de longues années encore d'une santé parfaite en Notre Seigneur. »

CHAPITRE III.

DESCRIPTION DES RELIQUAIRES EXPOSÉS AUTREFOIS SUR LE GRAND AUTEL DANS L'ÉGLISE ABBATIALE DE SAVIGNY (*).

« Cependant l'abbé Etienne de Lexington fit faire en 1245 trois châsses de cuivre doré et émaillé, pour y mettre ce qu'il avait tiré des corps saints et de leurs suaires (trouvés par lui dans la chapelle de Ste-Catherine), avant de les enfermer dans les coffres de bois destinés à être transférés dans l'église de Notre-Dame.

» La 1ʳᵉ de ces châsses est faite en forme de chapelle. Elle est ornée de diverses figures de relief, entre autres d'un Christ en croix, accompagné en regard de la Vierge et de saint Jean ; et aux côtés de la croix, on voit deux soldats tenant en main une lance et une éponge. Aux deux côtés, à droite et à gauche (**), on voit la figure du Sauveur, tenant un globe à la main, et la figure de la Vierge, qui tient l'enfant Jésus entre ses bras. Sur le dessus de la chapelle, il y a deux anges, tenant des encensoirs à la main, et au revers est la représentation de Jésus flagellé.

(*) Nous empruntons cette description à l'*Histoire de la Congrégation de Savigny*, par D. Claude Auvry, folio 467, recto et verso, récemment éditée. Ce religieux avait les reliquaires sous les yeux ; on peut donc avoir toute confiance en lui. Ces reliquaires étaient encore sur les autels de Savigny en 1791.

(**) Ces dessins formaient ce qu'on appelle des triptyques.

» Les deux autres reliquaires sont en forme de tours de chapelles, ornées de figures de relief qui représentent les apôtres entre plusieurs petites colonnes.

» Dans l'un de ces reliquaires, qui est semé de fleurs de lys, se trouve une partie considérable du crâne de saint Geofroy.

» Dans l'autre, il y a un morceau du crâne de saint Vital, et à la tour qui est au-dessus de ce reliquaire, on voit gravé un poisson monstrueux qui est attaché sur le dos de saint Vital, encore enfant, qu'il s'efforce de noyer. On voit aussi le même saint revêtu d'un froc, avec un chaperon qui n'en est point séparé. On remarque encore au même reliquaire deux religieux portant sur leurs épaules le suaire de ce saint, ou plutôt le corps du saint, couvert d'un drap. D'un autre côté de ce reliquaire, saint Vital paraît comme célébrant les saints mystères et prenant le précieux sang avec une araignée qui était tombée dans son calice. Le même saint y est aussi représenté en habit de religieux prêchant au peuple, cette araignée à ses pieds. On remarque également un homme renversé par terre, que son ennemi veut poignarder, et dont l'épée lui tombe des mains. Enfin un homme armé, sur un tombeau, semble représenter le chevalier que saint Vital ressuscita devant tout le peuple. Tous ces sujets divers sont tirés de la vie manuscrite de saint Vital. Au-dessus du tombeau du saint, on voit une main sortant d'un nuage, qui porte un écusson à fond d'or, à la croix de sable, cantonnée de quatre autres croix de sable. Dans le dernier côté, saint Vital est revêtu d'une chasuble, sa crosse à la main : il est encensé par un ange.

» Il est à remarquer que saint Vital, en habit de religieux, est représenté portant la tonsure et la couronne comme on la portait au XVIIIe siècle dans l'ordre de Citeaux, quoique cette gravure, dit D. Cl. Auvry, eût alors plus de 450 ans.

« Dans la 1ʳᵉ châsse, qui est en forme de chapelle, l'abbé Etienne renferma un doigt, quatre dents, quelques petits ossements, des cheveux et un fragment de saint Vital, avec une écuelle que l'on disait avoir servi à son usage. On mit aussi dans cette châsse un doigt et des ossements de saint Geofroy, quelques ossements et un fragment du suaire de saint Guillaume de Niobé, des ossements et des cheveux de saint Hamon de Landacop, tous trois religieux de Savigny et d'autres reliques, reconnaissables par des inscriptions particulières qui les faisaient connaître.

» Toutes ces reliques étaient exposées à la vénération des peuples qui venaient, tous les ans, le mardi de Pâques et le 1ᵉʳ mai, qui étaient les jours de la translation de ces saints, implorer leur protection *(Inventorium reliquiarum Sanctorum Savigniacensium).* »

Nous ne saurions douter que les reliquaires ainsi décrits étaient ceux qui étaient promenés dans les processions publiques de l'abbaye de Savigny. Les images dont ils étaient ornés sur toutes leurs faces, sont une preuve évidente à nos yeux, de l'usage auquel ils étaient destinés.

CHAPITRE IV.

LES RELIQUES DES SAINTS DE SAVIGNY.

C'est en 1850 que nous avons visité Savigny pour la première fois. Après avoir parcouru les ruines fort importantes du monastère, les reliques conservées au presbytère paroissial attirèrent notre attention. Il nous serait facile de rappeler nos souvenirs d'alors, mais nous préférons emprunter à la *Revue Catholique* du diocèse de Coutances et Avranches (année 1868, n° 34, du 30 avril, p. 517), les indications qu'elle a données sur ce sujet. La signature de M. le chanoine-doyen Pigeon est d'ailleurs à nos yeux une garantie qui présente une grande autorité.

« On conservait dans l'Abbaye-Blanche les pieux ossements de sainte Adeline ou Adelina, qui fut la première supérieure de ce monastère (1). On y voyait aussi son image (2) avec celle de la bienheureuse Bergoine ou Bergonia, de Mortain, qui fut la troisième supérieure et mourut en 1170.

» Dans la basilique de Savigny on conservait les corps de saint Vital, de saint Geofroy, abbés, de saint

(1) A la Révolution, les reliques de l'Abbaye-Blanche furent mises en sûreté par Mme Augustine Quinette de La Hogue, l'une des religieuses, qui devint la supérieure de l'hospice de Mortain, établi dans les bâtiments du monastère. Depuis elles ont dû être données par sa nièce, Mlle Aimée de La Hogue, à l'église paroissiale de Mortain.

(2) Nous avons eu longtemps à notre disposition le portrait de sainte Adeline, qui nous avait été prêté par l'abbé Desroches ; nous le lui avons rendu. Depuis sa mort, nous ignorons ce que ce portrait est devenu ; nous l'avons en vain recherché.

Pierre d'Avranches, de saint Hamon, moines, et de saint Guillaume, simple novice de la même abbaye.

» La première translation de ces reliques eut lieu le 30 mars 1182; l'abbé Simon les fit placer dans la chapelle Sainte-Catherine qu'il avait fait bâtir. L'élévation de terre de ces pieux ossements se fit en présence des évêques d'Avranches, de Rennes et du Mans.

» Le premier mai 1243, l'abbé Etienne de Lexington les transporta de nouveau de la chapelle Sainte-Catherine dans le chœur de la basilique, en présence d'une grande multitude de fidèles, de prêtres et de prélats, précédés par l'évêque de Séez, Geoffroy de Majet. Cette seconde translation fut très célèbre. Tous les ans, la fête en fut renouvelée. Il y avait à cette occasion une procession solennelle des reliques, où accouraient les populations du Maine, de la Bretagne et de la Normandie. Les tombeaux étaient environnés de riches luminaires et on disait l'office et la messe de saint Vital (1) avec Mémoire des Sts Geoffroy, Pierre d'Avranches, Hamon, Guillaume et Adeline. Cette solennité durait huit jours.

« Les sarcophages placés dans la basilique savinienne furent brisés et dispersés en 1562 par les Calvinistes.

» En 1605, Claude du Bellay, un des savants abbés de ce monastère, fit exécuter cinq nouveaux tombeaux qui furent placés dans le sanctuaire, appuyés près du mur d'enceinte et rayonnant autour du maître-autel. Des peintures à fresque et des sculptures sur les tombeaux rappelaient chacun de ces saints et les principaux miracles dus à leurs prières.

» Malheureusement tous ces sarcophages ont encore disparu à l'époque des dévastations du célèbre monastère et de sa splendide basilique. Un seul fragment nous

(1) En 1897, nous avons publié ce *Proprium* de saint Vital.

reste, c'est un curieux débris du tombeau de saint Vital, pieusement conservé dans la cour du presbytère. Ce tombeau, brisé dans sa partie supérieure, gravement mutilé dans ses angles et n'ayant plus son couvercle orné de sculptures, offre la forme d'un cénotaphe mesurant plus d'un mètre de long sur une largeur de plus d'un demi-mètre. Les deux extrémités présentent un socle supportant un couronnement dont les feuillages rappellent beaucoup le chapiteau dorique. La façade principale porte un rectangle dont les angles arrondis intérieurement laissent un vide occupé par des rosaces bien travaillées. Dans l'intérieur du rectangle est un reste d'inscription qui n'est autre chose que l'explication du miracle représenté jadis sur le couvercle. On lit encore très distinctement ces mots :

... quemdam militem, populo præsente suis sanctis precibus resuscitavit.

On a également trouvé un fragment du tombeau de saint Geoffroy sur lequel on voit quelques lettres de l'ancienne inscription : *... Gauf... popu...* C'est tout ce qui nous reste de ces tombeaux (1).

» Les reliques de saint Vital et de saint Geoffroy sont dans un reliquaire en bois placé du côté de l'évangile, dans le chœur de l'église paroissiale de Savigny-le-Vieux. Celles de saint Guillaume sont placées dans la même église, du côté de l'épître et dans un reliquaire semblable (2). Les vénérables ossements de saint Pierre d'Avranches se trouvent dans l'église de Landivy, chef-lieu de canton du diocèse de Laval (3). »

(1) Depuis l'époque où M. le chanoine Pigeon a publié cet article, les tombeaux de saint Vital et de saint Geoffroi ont été portés dans l'église paroissiale avec celui de l'abbé Jean Le Verrier, mort en 1409.

(2) Toutes ces reliques ont été postérieurement placées sous la table du maître autel.

(3) Nous avons vu à Landivy ces reliques de saint Pierre, ainsi que celles de saint Hamon ; elles se réduisent à deux fragments qui ont à peine quelques centimètres.

FIN.

MORTAIN. — IMPRIMERIE A. LEROY.

www.ingramcontent.com/pod-product-compliance
Lightning Source LLC
Chambersburg PA
CBHW061117050726
47594CB00005B/1979